AF340089

*Solidarité des Travailleurs*
De Bagnères-de-Bigorre

# Revendications

## *(Élections législatives de 1898)*

> Travaillons à découvrir des idées
> justes et nouvelles ; car elles entrent
> dans l'esprit des hommes et y pro-
> duisent la *justice*, d'où naît l'avenir.
>
> EDGAR QUINET

BAGNÈRES-DE-BIGORRE

IMPRIMERIE COUREAU

Square des Vignaux

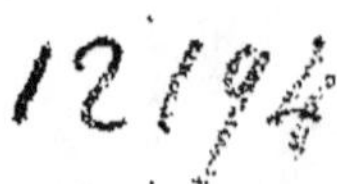

# Au candidat de la République

CITOYEN,

La Solidarité des Travailleurs se doit à elle-même de ne pas voir uniquement en vous l'adversaire d'un homme, mais aussi **le partisan de justes réformes.**

Notre drapeau doit être largement déployé et notre candidat doit être prêt à porter hardiment le fer rouge sur les plaies d'injustices qui menacent de ronger éternellement le corps social.

La victoire est à ce prix, et à ce prix seulement ; aux écus opposons les idées. C'est ce que se disait notre groupe, lorsque, dans les soirées d'études, il établissait ses cahiers de doléances.

# LA POLITIQUE

Jaloux des droits de la société laïque, nous vous demandons de ne les laisser violer par personne. En raison même du rôle qui leur est assigné, deux corps, l'armée et le clergé, sont quelquefois tentés de créer un Etat dans l'Etat.

## Armée

Un général ne doit être que le serviteur de la loi. Ni ses victoires ni son habileté ne doivent nous faire oublier que toute dictature militaire conduit au **despotisme** et à la **défaite**.

## Clergé

Fidèle à ses idées de domination, l'Eglise ne peut se consoler d'avoir perdu la première place et garde l'espoir de voir revenir des temps meilleurs où les peuples subiront de nouveau son joug. Arrière toute autorité religieuse! Et puisque le

Concordat et les articles organiques règlent encore les rapports entre l'Eglise et l'Etat, il faut **qu'on les applique** strictement et loyalement dans leur lettre comme dans leur esprit.

Que le pape italien reste dans la Rome allemande et ne se mêle d'aucune façon à nos luttes politiques ; que les excès des curés, pasteurs ou rabbins soient sévèrement réprimés, s'ils se servent de leur influence sur leurs coréligionnaires pour pousser à des querelles religieuses.

Plus de luttes au nom de Dieu ; la paix au nom des idées de tolérance.

## La loi sur les associations

Nous voulons le respect de toutes les croyances et nous le prouvons en demandant que la troisième République qui nous a donné la liberté de la presse et la liberté de réunion, proclame aussi **la liberté d'association** préparant la séparation des Eglises et de l'Etat. Qu'on permette à toute société civile ou religieuse de se fonder, de se développer, à moins cependant qu'elle ne poursuive la destruction du régime établi, ce qui ne doit pas être toléré.

## Décentralisation

Il n'y a donc qu'une autorité, l'autorité laïque, à laquelle tous doivent se soumettre et dont les volontés sont de nos jours rapidement transmises aux parties les plus reculées de la France. Grâce, en effet, au chemin de fer, au télégraphe, au téléphone, il n'y a plus de distances ; aussi nous demandons-nous si les agents administratifs, qui n'avaient pas autrefois ces nouvelles inventions à leur service, doivent être en aussi grand nombre aujourd'hui.

La Révolution, pour faire disparaître les douanes intérieures et créer l'âme de la patrie, avait organisé nos départements. L'Empire avait maintenu ces divisions territoriales parce qu'un pouvoir autoritaire dissémine sur tout le territoire le plus possible d'agents chargés de faire exécuter l'ordre du maître.

Mais maintenant que sans conteste l'unité nationale est faite, que les décisions gouvernementales sont portées en quelques secondes à la connaissance de tous les citoyens, il faut **agrandir les départements**, réunir ceux qui fournissent mêmes productions agricoles, qui renferment mêmes richesses industrielles.

Cette réforme obtenue, on se mettra enfin d'accord pour diminuer le nombre d'administrateurs, on accordera à ces nouveaux territoires plus d'autonomie, plus d'indépendance. L'importance des corps élus augmentera et aussi leurs prérogatives. La **décentralisation** laissera en province un peu plus de vie intellectuelle, d'activité commerciale. Paris ne sera plus l'aimant attirant à lui quelquefois sans profit toutes mains et tout cerveau.

## Referendum communal

Le referendum communal est aussi dans notre programme de réformes administratives. Certes, nous ne voulons pas enlever leurs prérogatives aux conseillers municipaux, nous ne songeons pas à diminuer leur droit d'initiative pas plus que leur responsabilité.

Mais il y a pour les communes des questions absolument vitales et, sans appeler à toute heure le peuple à délibérer sur le Forum, nous demandons que nos élus soient, non pas obligés, mais libres, s'ils le jugent à propos, de consulter le corps électoral sur les propositions importantes.

Autant le plébiscite sur un nom est dangereux pour nos précieuses libertés, autant le plébiscite sur une idée est fécond, parce qu'il nécessite entre tous les citoyens l'échange de pensées dégagées de tout esprit de parti.

Voilà les principes directeurs du pouvoir exécutif que nous rêvons. Le pouvoir législatif doit aussi subir des changements importants.

## Révision de la Constitution

La Constitution de 1875 a organisé un

pouvoir législatif composé d'une Chambre des Députés et d'un Sénat. Il sembla aux membres de l'Assemblée nationale que les élus du suffrage universel devaient être mis en tutelle par ceux de la classe dirigeante.

Issues de sources différentes, représentant des intérêts souvent opposés, les opinions des deux Chambres devaient se heurter.

Votées au Palais-Bourbon, les réformes viennent en effet échouer au Luxembourg.

**La révision de la Constitution** mettra un terme à cette rivalité.

Sans méconnaître l'amélioration qui résulterait d'un nouveau mode électoral du Sénat et du changement de ses attributions, nous nous prononçons pour une Chambre unique. Les trois premières assemblées de la Révolution ont aboli tout un régime vieux de dix-huit siècles, en ont organisé un tout nouveau et ont sauvé la Patrie. Leurs décisions n'étaient pas cependant soumises aux discussions d'une autre Chambre. Elles le savaient et apportaient dans leurs délibérations toute la prudence d'hommes qui vont assumer de graves responsabilités.

## Scrutin de liste

L'expérience tentée il y a cent ans a réussi ; elle doit être, pensons-nous, recommencée avec des représentants dont l'esprit de clocher ne limitera pas les pensées,

nommés, non parce qu'ils sont propriétai-
res-éleveurs, non parce que leur fortune
personnelle leur a permis de rendre des
services individuels, mais plutôt parce que
leur programme est l'expression des désirs
de la majorité, parce que tout un passé
d'honnêteté répond des engagements pris,
parce que chacun est persuadé que ces can-
didats ne s'inspireront jamais de leur intérêt personnel, mais du bien supérieur du
pays.

Le **scrutin de liste** peut seul nous donner des élus imbus de ces principes, se
rappelant qu'il leur incombe deux devoirs :
celui de faire de justes lois et celui de sur-
veiller l'emploi des dépenses.

## Contrôle

Peut-on, en effet, laisser se continuer
cette tradition qui consiste à voter des
sommes considérables à la guerre et à la
marine, dépenses que nous ne regrettons
pas puisqu'il s'agit de la défense de notre
chère patrie, mais que nous voudrions voir
**toujours** employées à l'usage auquel elles
sont destinées.

Les bureaux des différents ministères,
divisés en coteries rivales, se faisant la
guerre aux dépens des contribuables,
usent trop librement des crédits alloués et,
au lieu de respecter les volontés du Parle-
ment, se substituent trop souvent à lui.

## Candidature officielle

Ces représentants du peuple, quel que soit d'ailleurs le mode d'élection, doivent être en toute liberté choisis par le suffrage universel sincèrement consulté.

C'est pourquoi nous repoussons de toute l'énergie de nos convictions **l'ingérence de l'administration** dans la bataille électorale. Il n'est pas admissible que préfets et sous-préfets mettent l'influence qu'ils détiennent de nous au service d'un candidat.

## Corruption

Si ce candidat lui-même, jugé par ses pairs, est chassé de la Chambre pour cause de corruption, il ne doit plus lui être possible de briguer, avant dix ans au moins, **des fonctions électives ou administratives** sur tout le territoire de la République ou de ses colonies.

Ce n'est pas en condamnant de pauvres diables coupables d'avoir trafiqué de leur bulletin de vote, qu'on arrêtera le flot montant des candidatures millionnaires flétries dernièrement à la tribune française et qui n'ont pour tout drapeau qu'un sac d'or.

Le peuple, n'étant plus gêné ni par les administrateurs ni par les corrupteurs, choisira pour le représenter les citoyens les plus honnêtes, les plus dignes, les plus instruits.

## Présence à la Chambre

Sans doute, ce ne seront pas tous des hommes universels, connaissant toutes les questions qui surgissent chaque jour, amenées par le progrès ou le concours des circonstances. C'est à cause de cette ignorance possible que nous ne donnerions le droit de vote qu'aux députés **présents** à la séance. Car celui qui a pris l'initiative d'une proposition, qui, du haut de la tribune renseigne ses collègues, peut, par des arguments choisis et étudiés, former une opinion à ceux qui n'en ont pas.

## Compte-rendu du mandat

Les représentants qui auront toujours voté suivant l'indication de leur bon sens ou de leur conscience, n'auront aucune peine à accepter, comme nous le demandons, de **rendre compte de leur mandat** rempli en toute sincérité. Après chaque session, l'élu trouvera une certaine satisfaction à venir, dans tous les centres électoraux, faire constater par ses mandants sa fidélité à son programme et à envoyer, jusque dans les moindres bourgades, des affiches, des journaux relatant ses votes.

Voilà comment l'éducation politique pénètrera dans la masse des électeurs, qui seront amenés à croire que le bonheur de chacun dépend de l'état social dont nous rêvons sinon la transformation, du moins l'amélioration.

# LES QUESTIONS SOCIALES

---

Si nous cherchons à classer toutes les questions sociales, nous trouvons deux groupes importants : droit de vivre, droit au travail.

## DROIT DE VIVRE

### Péril national

Les statistiques nous démontrent que la population française n'augmente que dans des proportions très infimes, pendant que celle des puissances voisines s'accroît rapidement. Cet état de choses constitue donc un véritable danger national qu'on doit essayer de conjurer par quelques lois de conservation sociale.

### Mariage

Notre civilisation est fondée sur le mariage. Nous devons donc **favoriser** l'union légitime des sexes.

M. Emile Rey, député du Lot, a déposé à la Chambre un projet de loi d'après lequel toute personne n'ayant pas un capital de 1,500 francs, recevrait à sa majorité cette somme ou le complément si elle en possédait déjà une partie.

C'est probablement dans le secret désir de favoriser le mariage que cette idée a été présentée, car le prétexte de beaucoup de célibats est la perspective de la misère à deux. Mais grâce à cette proposition, si elle était votée, l'avenir serait plus souriant aux jeunes ménages, et le célibat ne serait peut-être pas aussi fréquent qu'il l'est de nos jours.

## L'enfant illégitime

Si nous donnons la première place à la question du mariage, nous ne pouvons nous désintéresser de l'enfant né en dehors de la légitimité.

Nous sommes tributaires de tout un passé. Cet enfant naturel, au nom de mœurs anciennes qui ne sont plus les nôtres, est encore maltraité par la loi qui ne lui donne qu'une part successorale dans l'héritage de la mère, qui ne lui accorde pas les mêmes droits de dispenses militaires qu'à l'enfant légitime. Cette hypocrisie légale n'est plus d'accord avec notre cœur. L'amour maternel a traité avec la même faveur les enfants portés par le même sein. La loi ne peut pas être plus cruelle et doit décréter **leur complète égalité**.

## Orphelinats laïques

Elle doit aussi recueillir les orphelins que la mort du père et de la mère laisse sans direction morale. Créons des orphelinats laïques. N'abandonnons pas à des associations, quelque bien intentionnées qu'elles soient, le monopole exclusif de pétrir ces jeunes âmes. L'Etat doit se mettre **au lieu et place** des parents décédés.

A côté de ces lois générales, il y en a d'autres plus spéciales, fiscales seulement dont nous espérons un bon effet pour la repopulation.

## Dégrèvement

C'est ainsi qu'on doit protéger efficacement les familles nombreuses. On le peut tout d'abord en les dégrevant. A notre avis, la protection ne doit pas être aveugle : elle doit porter sur les seules familles qui ont un revenu insuffisant et commencer à s'exercer sur celles qui ont quatre enfants. Le dégrèvement devrait être réel, et, par une échelle progressive, devenir absolu sur toutes les contributions, quand le nombre 7 est atteint.

La collectivité doit une compensation au père qui aujourd'hui paye plus d'impôts indirects, se débat souvent au milieu des plus cruelles difficultés de l'existence pour garder à la patrie plus de soldats, plus de mères.

## Bourses

L'Etat, qui entretient à grands frais dans ses lycées et collèges des jeunes gens préparant des examens, devrait accorder à de certaines conditions, aux enfants qui ont plusieurs frères, des **bourses** dans les écoles industrielles ou commerciales et même dans les écoles d'apprentissage créées par l'initiative privée. Donner aux jeunes gens le moyen de gagner honorablement leur vie: voilà le but à atteindre.

## Colonisation

Enfin, puisque l'on se plaint de la non mise en valeur de nos colonies, puisque l'on répète à satiété que le Français ne sait pas coloniser, que l'on concède aux agriculteurs ayant une nombreuse famille, des terrains à défricher, à cultiver; que l'Etat prenne en totalité à sa charge les frais de transport; qu'on prête à ces nouveaux colons les instruments aratoires et qu'on leur avance les premiers frais d'installation.

Et grâce à toutes ces lois, les enfants

seront plus nombreux et, devant tout à la patrie, ils la défendront, le cas échéant, avec plus d'ardeur, plus de courage. Et qui pourrait assurer que ces enfants sauvés de la mort n'ajouteraient pas à la gloire de la France ?

Il ne suffit pas de rechercher les moyens de favoriser les naissances ; il faut encore arracher à la mort le plus grand nombre d'existences.

## Les tours

Les tours ont été supprimés, parce qu'on a pensé que la légalité de l'abandon poussait à l'immoralité. Triste éloquence des faits : les naissances illégitimes ont augmenté et aussi hélas! les infanticides. La fille-mère ne pouvant, avec le faible gain de chaque jour, entretenir son enfant, se débarrasse à son tour de la créature que le séducteur a lâchement abandonnée. Crime pour tous deux, mais la société a tout intérêt à conserver ce petit être, à l'élever. Le **rétablissement des tours** enlèvera toute circonstance atténuante aux mères coupables.

## Caisse de secours et de retraites

L'atténuation de la misère a été un problème de tous les temps. Mais nous pouvons aujourd'hui prévoir que nous verrons enfin aboutir un projet de loi permettant au travailleur de penser sans trop d'effroi aux jours où la maladie le cloue au lit, et à ceux où l'âge et les infirmités lui arrachent l'outil des mains.

Nous avons notamment étudié une proposition de M. Escuyer, présentée à la Chambre des députés le 4 novembre dernier et qui a déjà reçu l'adhésion de trente Bourses de travail représentant 600 syndicats ouvriers.

L'auteur démontre la possibilité de donner aux adhérents les soins et les médicaments gratuits. — 1 fr. 50 d'indemnité par jour de maladie — et, à 60 ans, 400 ou 500 francs de retraite, suivant qu'ils soient célibataires ou mariés.

Et pour arriver à ce résultat inespéré, vaincre les deux fléaux, maladie et misère, qui guettent tôt ou tard l'ouvrier, ce dernier **ne donnerait qu'un franc par mois**, le reste serait fourni, partie par le patron, partie par l'Etat.

Cette proposition a surtout ceci de remarquable, que les vieillards, hommes ou femmes, ayant atteint la soixantième année le jour de sa promulgation, seraient aussi retraités, bien qu'ils n'eussent effectué aucun versement.

Le travailleur a, dans son jeune âge, puissamment contribué par son travail à la prospérité de l'Etat. En accomplissant un devoir de fraternité, la collectivité s'acquittera donc en même temps d'un tribut de reconnaissance, s'il lui assure le pain de ses vieux jours.

Et n'étant plus sans cesse hanté par cette préoccupation, il continuera sa tâche gaiement, vaillamment, donnant des mains et de l'esprit, pour le plus grand bien de la nation.

## Hospices

Mais, pour tant d'avantages que procure une caisse de retraites, il existera toujours des jeunes gens imprévoyants, des enfants qui n'auront jamais entendu vanter les bienfaits de l'économie, des déshérités du corps et de l'esprit. Et cependant le Sort maudit frappe ces inconscients de ses coups aveugles et les rend plus malades, plus dénués de raison.

Or la Société, qui jusqu'ici a laissé chacun de nous libre d'accomplir envers eux le devoir de charité, finit par comprendre enfin que ce sou donné à tort et à travers est semé sans résultat appréciable.

Et, élevant d'un degré ce sentiment charitable, elle fonde peu à peu la Solidarité universelle.

C'est au nom de cette Solidarité que des hospices doivent s'élever nombreux, qu'il doit être **permis à des cantons** de réunir leurs ressources pour créer des établissements hospitaliers.

## Les Pauvres

C'est au nom de cette Solidarité que chaque **commune** doit nourrir ses **pauvres** et la mendicité, défendue seulement par ironie sur les écriteaux, à l'entrée des villes, disparaîtra alors avec son lot d'exploiteurs et d'exploités, de loqueteux et d'infirmes.

# DROIT AU TRAVAIL

## Une association naturelle

Toute création est le résultat de l'association du Capital, de l'Intelligence, du Travail. Sans argent, songer à créer est une utopie ; sans idée, la matière brute ne devient d'aucun usage ; sans effort musculaire, ni le capitaliste ni le penseur n'arriveraient à transformer le bloc de marbre en statue. Ce sont donc trois associés dont l'union intime est nécessaire. Si quelquefois nous nous emportons contre l'un d'eux, le capital, c'est qu'ayant une origine impure, jeu, usure, exploitation d'un vice, il laisse dans le cœur de qui le détient une fausse notion des mobiles humains ; ou encore, c'est parce que celui qui, oisif, l'a obtenu par héritage, l'emploie indignement, ne pensant qu'à ses plaisirs ou à son intérêt personnel, au lieu de le consacrer à des œuvres utiles. Que ce capital juif, protestant, catholique, franc-maçon ou athée soit honni ! Et mettre des entraves à son développement, à la corruption qu'il exerce, à la spéculation qu'il organise surtout sur blés et métaux, c'est faire œuvre pie. Mais **respect à l'argent péniblement gagné**, économisé sou à sou et moralement employé. Ce facteur a droit comme les deux autres à la sympathie populaire, et, associé au travail, il produit d'heureux résultats.

C'est afin de rendre cette association plus intime que l'on doit préparer une réglementation autre que celle qui existe.

## Bureaux de placement

Les groupes ouvriers sont unanimes à réclamer la suppression des bureaux de placement qui exploitent les gens sans travail, leur demandant une rétribution exagérée par rapport au service rendu. Mais c'est surtout au point de vue de la moralité publique que la loi doit empêcher le fonctionnement de ces établissements. Nos filles, nos sœurs peuvent, hélas ! demain, échouer sur le pavé des grandes villes ; c'est en pensant à elles que nous proposons l'installation, dans les sièges des syndicats ou dans les mairies elles-mêmes, d'un **service de renseignements** pour patrons et ouvriers.

## Grèves

Voilà le travailleur à l'atelier. Mais un conflit peut éclater entre chef et employé. Le droit de grève est reconnu par la loi, et, à moins qu'il n'y ait délit ou crime, les agents administratifs ne doivent pas intervenir en faveur de l'ouvrier ou du patron, la **force armée** ne doit pas être mise à la disposition de rancunes ou de tyrannies patronales.

## Arbitrage

Mais au nom de la sécurité publique, au nom aussi des besoins journaliers de l'ouvrier, la loi qui règle tous les différends entre particuliers doit mettre un terme à ce grave conflit. Il faut donc constituer un **tribunal** d'arbitrage aux décisions duquel devront se soumettre grévistes et directeurs d'industrie.

Dans l'ordre économique nous espérons aussi la paix, la paix qui ne laisse dans le cœur ni haine ni esprit de vengeance.

## Travail des femmes et des enfants

La loi doit également intervenir efficacement pour empêcher le surmenage du travail des femmes et des enfants.

Il n'est pas possible que dans une société bien organisée, basée sur l'esprit de famille, la mère soit obligée d'être trop long-temps hors du foyer où le mari ne trouve plus ni soins ni sourires ; il n'est pas possible que l'enfant s'étiole trop jeune dans l'usine qui, ogresse moderne, dévore sans pitié les frêles existences. Que la femme et l'enfant travaillent, soit ; mais que du moins pour eux la loi établisse un **maximum** d'heures de travail.

### Repos

L'homme, lui aussi, ressent le besoin de se reposer après six jours de fatigue. Mais il y a des forçats du salariat qui, sans trêve à la tâche, ne peuvent au bout de la semaine quitter vingt-quatre heures la mine ou le comptoir. Pour eux, la famille existe à peine : leur corps, leur esprit appartiennent au patron. Criant abus ! Notre drapeau contient dans ses plis : **un jour** de repos par semaine pour tous les travailleurs.

### Minimum de salaire

Un gouvernement républicain ne peut se désintéresser de l'avilissement de la main-d'œuvre et laisser éternellement s'appliquer la formule égoïste de « l'offre et de la demande ». Les échanges ayant pour base la monnaie, le travailleur, afin de se procurer l'argent nécessaire à son entretien et à celui de sa famille, ne peut qu'accepter les conditions de celui qui dispose du capital. Telle est la situation actuelle.

Comment y remédier ? L'Etat doit indiquer dans les cahiers des charges **le plus petit salaire** à donner aux ouvriers occupés à des travaux publics. Les riches entrepreneurs ne consentiront peut-être plus des rabais aussi importants, mais la collectivité n'en sera guère ni plus riche ni plus pauvre.

L'exemple venant d'en haut, l'esprit d'imitation le désir de bien faire ou même la nécessité aidant, l'établissement d'un minimum général de salaire se fera sans imposition légale.

## Participation aux bénéfices

Mais on ne doit pas s'arrêter à ce minimum simplement suffisant à payer les premières dépenses du ménage. Tous les bénéfices ne doivent pas, en effet, aller à l'une des parties de l'association, pendant qu'un maigre salaire est abandonné à l'autre. La **participation aux bénéfices** avec un tant pour cent pour le travailleur, participation que de sages industriels ont déjà appliquée, est l'organisation qui permettra peut-être d'arrêter l'orage que les moins clairvoyants commencent à voir s'amonceler sur nos têtes.

# LES GRANDES LOIS

Nous ne pouvons faire de programme sans parler des lois **intangibles**.

## LOI SCOLAIRE

### Laïcisation

La loi scolaire est une des grandes lois égalitaires de la République. Pas un républicain vraiment digne de ce nom n'ose en demander l'abrogation. Tout républicain doit désirer la voir appliquer dans son véritable esprit.

La plus grande partie des écoles de filles n'est pas laïcisée, et la pensée de la femme continue à être resserrée entre les limites d'une éducation trop étroite : c'est là une des causes qui rendent si lente la marche du progrès. C'est pourquoi nous demandons l'extension de la **neutralité** aux écoles de filles. Ne pensez pas cependant que nous voulions sous chaque toit des bas-bleus. Qu'on consacre plus de temps aux travaux à l'aiguille, de repassage ; que l'institutrice remplace la mère occupée à l'usine et qu'elle apprenne à notre enfant à diriger un ménage. Cela n'empêchera pas qu'elle ne soit en même temps une bonne Française digne de ses aînées.

## Gratuité

Voilà celui des termes de la trilogie scolaire qui est le mieux appliqué. Les palais de la République qui ne sont plus le vestibule d'une église mais le temple de la raison, sont en effet grands ouverts à tous, riches et pauvres, qui viennent à plein cerveau y puiser l'instruction.

Quelques villes achètent même des fournitures qu'elles prêtent gratuitement à certains écoliers. Nous voyons à ce système des avantages nombreux :

1º Chaque élève a tout ce qui est nécessaire à ses études ;

2º Il est obligé de tenir avec soin ses livres car, ceux-ci devant passer entre les mains de plusieurs générations, le maître les inspecte souvent.

3º Chaque année scolaire n'amène pas un changement d'ouvrage.

4º Les livres et les cahiers étant achetés en grande quantité, les éditeurs ou les libraires abandonnent un fort escompte.

Pour toutes ces raisons, l'Etat ou les communes devraient **fournir les objets scolaires** aux élèves dont les parents sont peu fortunés.

## Obligation

Enfin nous constatons que les articles relatifs à l'obligation ne sont pas mis en vigueur. Oh! certes, si l'enfant a 13 ans révolus et s'il veut, pendant les longs jours d'hiver sans travail, compléter son instruction, la porte de l'école lui est fermée. Mais que, pendant l'âge de scolarité, les parents l'occupent à garder le bétail ou le laissent vagabonder au grand détriment de son éducation morale, personne ne s'inquiète.

Un père de famille **ne doit pas être libre** de ne pas envoyer son enfant à l'école.

## Enseignement professionnel

La loi de 1882 est donc incomplètement appliquée. Elle a cependant amené la diffusion de l'instruction, et cette diffusion a eu pour résultat d'encombrer les professions libérales. La France est remplie de demi-savants qui représentent, suivant la pittoresque expression de M. Pédebidou, député des Hautes-Pyrénées, la misère en habit noir. On doit montrer aux enfants une autre voie à suivre que le fonctionnarisme. Aussi les écoles professionnelles doivent-elles être multipliées et **chaque département** doit-il avoir la sienne. Les jeunes gens élevés dans ces établissements auront l'amour du travail manuel et, habitués à alterner de l'étude à l'atelier, ils n'auront aucune difficulté à voir dans le maniement de l'outil un des plus honorables moyens d'existence.

## Ecoles du soir

Ces dernières années ont vu naître les cours d'adultes sous la forme nouvelle de conférences. Excellent moyen pour que les élèves n'oublient pas le chemin de la « laïque » où ils continuent à recevoir les conseils, les enseignements d'anciens maîtres, aidés maintenant dans leur apostolat par les amis de l'école.

L'Etat doit provoquer d'autres **créations** de ces cours, encourager ceux qui existent déjà pour que bientôt la France soit chaque soir un vaste chantier où l'on formera les citoyens de demain.

# LOI MILITAIRE

## Armée active

Si nous voulons toucher à l'autre grande loi de la République, la loi militaire, c'est pour l'améliorer. Elle appelle tant de jeunes gens sous les drapeaux qu'il est devenu absolument indispensable, pour raison budgétaire, d'augmenter le nombre d'ajournements ou de dispenses, larges mailles par où s'échappent surtout les fils de bourgeois et les amis des personnages influents. On se demande alors s'il ne serait pas possible d'appeler indistinctement tous les hommes, si l'on réduisait au strict nécessaire le minimum de temps à passer à la caserne.

Nous pensons, comme les deux cents députés qui viennent de déposer un projet de loi en ce sens, que **deux ans** seraient suffisants pour apprendre au soldat le métier des armes, pour lui inculquer l'amour du drapeau et le respect de la discipline.

## Réserve

Le recrutement actuel de l'armée de seconde ligne n'est pas sans avoir beaucoup d'inconvénients. Les vingt-huit et les treize jours laissent trop d'échoppes, de comptoirs, d'ateliers, de ménages en souffrance. La loi devrait indemniser les familles nécessiteuses des réservistes, et si le législateur trouvait le moyen de donner l'instruction militaire aux hommes de la réserve en ne les appelant que pour apprendre les **changements** de théorie ou le maniement des **nouvelles** armes, il aurait concilié les exigences de la vie moderne avec celles de la défense nationale.

# RÉFORME JUDICIAIRE

A côté de l'école et de l'armée, il y a une troisième grande institution : la magistrature.

## Indépendance des magistrats

Nous inspirant des immortels principes de 89, nous réclamons avec instance l'indépendance plus complète du pouvoir judiciaire. Ministres et législateurs intègres, au nom des intérêts supérieurs de la justice elle-même, ne devraient en aucun cas ni exiger ni accepter aucun **arrêt** qui pût être taxé de **service**.

## Les actes

Si on doit donner confiance aux justiciables, il faut aussi leur faciliter les moyens de se faire rendre justice. Or, tous les actes sont écrits de telle façon que des consultations d'hommes d'affaires sont trop souvent nécessaires. François I<sup>er</sup> avait ordonné

qu'on libellât les actes en français ; depuis
on a gardé les formules, les constructions
de phrases, les mots qui sont inintelligibles
pour tout citoyen qui ne s'est pas livré à
des études sérieuses de linguistique. Il est
temps qu'on oblige enfin les huissiers et les
avoués à **écrire** de telle façon que tout
homme ayant reçu l'instruction primaire
puisse les comprendre, grâce à son humble
savoir et à son bon sens.

Les jugements pourraient être rendus de
façon plus **expéditive** et les taxes actuelles
devraient disparaître pour être remplacées
par des droits progressifs ne dépassant
**en aucun cas**, un tant pour cent de
l'affaire engagée.

On ne verrait plus alors le produit de
l'expropriation d'une chaumière entièrement dévorée par les frais. Les hommes de
loi s'enrichiraient peut-être moins, mais
les pauvres gens ne seraient plus légale-
ment spoliés.

# RESSOURCES NOUVELLES

Pour réaliser toutes ces réformes, avez-vous déjà dit, il faut de l'argent, beaucoup d'argent. Or, peut-on songer à augmenter les impôts existants? Etat, départements et communes imposent trop de charges anx contribuables.

Qu'on diminue donc les trop **hauts traitements** de l'état-major des fonctionnaires.

Que les membres des associations religieuses, jusqu'ici privilégiés du fisc, soient enfin traités comme tous les autres citoyens, et que la **loi d'accroissement** leur soit appliquée.

Mais ce sont là de petits remèdes insuffisants. Voici les grands dont l'ensemble opère une révolution pacifique et nécessaire.

## MONOPOLES

Nous sommes absolument opposés à tous les monopoles concédés à des particuliers.

Si, pour des raisons budgétaires ou autres, l'Etat en crée, c'est à lui-même que les bénéfices doivent venir. Pourquoi distribuer des dividendes à des actionnaires et ne pas plutôt les employer à des dégrèvements, à des diminutions de notre énorme dette nationale, à des améliorations sociales.

D'ailleurs il y a des monopoles que **rien** ne peut justifier. Par exemple :

## 1º Les Chemins de fer

La voie est à nous, les compagnies emploient un matériel tout à fait défectueux, elles font des économies sordides, organisant le surmenage, nommant un employé là où plusieurs seraient absolument nécessaires, mettant ainsi en péril un grand nombre d'existences humaines. Le commerce, l'industrie réclament des tarifs en conformité avec les nouvelles lois économiques ; les municipalités demandent d'infimes changements aux horaires des trains : les compagnies font la sourde oreille. **Tout cela doit cesser.**

Tout en pensant à la défense nationale, dont le soin ne doit pas être laissé à des sociétés anonymes, l'Etat a pour devoir de se rappeler que dans une démocratie le grand public est le maître, que les avis de ses corps élus ne doivent pas être dédaignés et que tous les intérêts individuels doivent lui être sacrifiés.

## 2° Les Mines

Voilà encore un sol qui est à nous. Un jour, des bourses se sont réunies, et, à l'aide de quelque monnaie, ont exploité des mines de houille et de fer.

L'exploitation dure depuis un temps immémorial ; le métal ou le charbon se changent en or, et ces mêmes bourses ont la prétention de garder leurs concessions jusqu'à la fin des siècles, comme elles veulent aussi plier la main-d'œuvre au gré de leurs désirs, obligeant les mineurs à accepter leur pouvoir politique, à toujours vivre au fond de la cité noire, ne leur réservant en compensation ni repos ni sécurité du lendemain.

Et de quel droit la collectivité permet-elle qu'on traite ainsi ses membres? Pourquoi, vraie marâtre, prodigue-t-elle aux uns richesse et aux autres misère ?

Que la **nation reprenne ses droits** pour en user humainement.

## 3° Alcool

L'alcoolisme est un état maladif si répandu, que l'Etat, par ses professeurs et ses instituteurs, que la Faculté, par ses médecins, mènent depuis quelque temps une campagne très active pour combattre ce nouveau fléau qui finira par fournir à lui seul assez de malades pour peupler nos maisons de santé.

L'Ecole fait bien de mettre son prestige, son autorité morale dans la lutte contre la hideuse folie.

Mais on peut faire mieux.

Si l'Etat **prenait le monopole** de l'alcool, les cabaretiers ne vendraient plus sur le zinc ce funeste petit verre dans la composition duquel entre on ne sait quelle mixture apportant un trouble profond dans les organes.

Le Trésor comme l'hygiène publique réclament cette réforme, car la disparition du privilège des bouilleurs du cru donnerait un résultat financier considérable. Le professeur Algrave a calculé que, de ce chef, 750 millions entreraient dans les caisses publiques.

Par les ressources que cette réforme seule créerait, la situation des travailleurs pourrait donc être immédiatement améliorée.

## 4° Assurances

L'homme éprouverait un plaisir journalier à penser que si le feu consume aujourd'hui sa maison, du moins il ne couchera pas demain sur un grabat, grâce à l'assurance contre l'incendie ; que le blessé de la grande armée du travail sera lui aussi traité comme son frère en douleur du champ de bataille et recevra comme lui

une pension : bienfait de l'assurance contre
les accidents ; que, s'il meurt, sa femme,
ses enfants, ceux qu'il aime, seront cependant à l'abri du besoin : assurance sur la
vie ; que si, enfin, la grêle, l'inondation,
ravagent ses récoltes, il ne souffrira pas
de la faim : assurances agricoles.

Propriétaires, paysans, ouvriers, sont
tous prévoyants, et toutes ces bonnes volontés devraient être réunies par l'Etat qui
n'a pas comme les Compagnies des sous-
agents, des agents, des directeurs, des
sous-inspecteurs, des inspecteurs, des conseils d'administration à payer ; des bureaux,
des hôtels-réclames à louer ou à acheter ;
des actions qui attendent impatiemment
des dividendes. L'assurance mutuelle que
certaines villes ont créée avec succès, le
gouvernement pourrait à son tour l'orga-
niser, soit en laissant à tout citoyen la
liberté d'adhérer ou de ne pas adhérer,
soit en rendant ces assurances obligatoires
et en recouvrant la cotisation annuelle de
la même façon que les impôts ordinaires.

Les assurés trouveraient leur compte à
ce système, car les primes à verser annuel-
lement par eux diminueraient chaque année, et cependant, le malheur survenu, les
demandes ne seraient pas contestées, et
les paysans dont les récoltes auraient été
endommagées recevraient autre chose que
ces secours dérisoires, presque insultants,

distribués au nom de l'Etat sur la reco
mandation d'un personnage influent.

Chacun verrait alors l'avantage qu'
les hommes à réunir leurs efforts, et on
demanderait comment les idées d'égoïs
individuel ont pu subsister 19 siècles.

# RÉFORME FISCALE

La réforme fiscale est une de celles d
on parle à chaque élection et qu'on ne r
lise jamais pour cette bonne raison que
riches, les gouvernants la repousse
parce qu'elle aggraverait leurs charges
diminuerait celles des pauvres. Elle co
porte deux points essentiels :

## 1° Les successions

Une iniquité a prévalu jusqu'à nos jou
celle de faire payer les droits de mutat
sur la valeur totale de l'héritage, sans
diminuer du passif. **Elle doit disparaît**
Nous croyons également qu'il est ju
d'introduire la **progressivité** dans la
nouvelle sur les successions afin d'attein
davantage les grosses fortunes et de l
ser à peu près intacts les petits pécu
Evaluation du bénéfice : **157 millions.**

## 2° Impôt sur le revenu

Tous les arguments élevés contre ce projet ne sont que des arguments de circonstance et de parti.

On s'élève contre la **progression**. N'est-ce pas cependant une idée juste entre toutes? Eh quoi? un ouvrier qui aura de la peine à entretenir et à nourrir sa famille avec 1,000 francs de salaire, n'aura-t-il pas plus de gêne à enlever 20 francs sur les 1,000 qui ne lui sont pas suffisants, que n'en aurait certain éleveur — député, par exemple, ayant peut-être 2,000,000 de francs de revenu et qui, si la même proportionnalité était maintenue, ne devraient donner que 40,000 francs? A notre Jacques Bonhomme, il lui restera... 50 francs de dettes au bout de l'année, tandis qu'Edmond aura 1,960,000 francs à dépenser et vous conviendrez avec nous qu'ils lui seront suffisants pour ses besoins et ses plaisirs. Ce n'est pas 40,000 francs qui devraient lui être réclamés, mais bien 200,000 et encore sommes-nous peut-être au-dessous de la plus élémentaire justice.

Cet impôt **n'est pas plus arbitraire** que ceux qui sont actuellement perçus. Est-ce qu'il n'existe pas aujourd'hui une commission de répartiteurs qui, comme dans le nouveau projet, règle ce que chacun de nous doit payer?

Croyez-vous la loi nouvelle **plus vexatoire** que l'ancienne qui permet au contrôleur de rentrer dans nos maisons et d'y compter portes et fenêtres; **plus inquisitoriale** que celle qui ordonne aux employés des contributions indirectes d'aller dans chaque coin de cave sonder chaque barrique, compter les bouteilles pour s'assurer de la quantité vendue ?

L'impôt proposé donnant 150 millions de plus que celui qui est actuellement perçu, est juste pour les fortunés, humain envers les déshérités et les travailleurs : c'est la pierre de touche à laquelle se reconnaîtront les députés qui pensent que tout ne va pas pour le mieux dans la meilleure des Républiques.

## Une seule contribution

Le nouveau système financier proposé par le parti républicain avancé n'est que la porte ouverte à une réforme plus générale de nos lois fiscales. Il laisse encore subsister des contributions surannées que nous espérons voir bientôt remplacées par **l'équitable impôt unique, global et progressif sur le revenu.**

Citoyen,

Tous les sujets dont nous venons de vous entretenir ont fait l'objet de nos pensées, de nos délibérations. Ils ne sont entièrement le reflet d'aucun groupe politique.

**Modérés** avec Quintaa quand il dépose son projet d'assurances agricoles ; **radicaux** avec M. Bourgeois quand il propose l'impôt sur le revenu ; **radicaux socialistes** avec M. Goblet quand il demande une loi sur les associations ; **socialistes** avec M. Jaurès quand il réclame le maximum d'heures de travail pour les femmes et les enfants, nous empruntons à tous les républicains ce que nous croyons être le **meilleur** de leurs pensées, car nous avons soif de réformes et nous avons peur de l'avenir qui nous crie : **La République sera réformatrice ou elle ne sera pas.**

www.ingramcontent.com/pod-product-compliance
Lightning Source LLC
Chambersburg PA
CBHW061708060726
47597CB00006B/2245